En un ranchito vivían cinco
hermanos. Cada hermano era
muy especial.

1

El primer hermano era muy sabio.
El sabía cuándo era tiempo
de plantar.

2

El segundo hermano era muy
rápido. El podía recoger la cosecha
a tiempo.

El tercer hermano era muy fuerte.
El podía llevar la cosecha
al mercado.

4

El cuarto hermano era muy
honesto. El sabía cómo vender
la cosecha y repartir el dinero
entre sus hermanos.

El quinto hermano era muy
gracioso. El podía cantar y bailar
sobre la cosecha y pasar
el día alegre.

Los cinco hermanos siempre se ayudaban. Ellos vivían muy felices trabajando en su ranchito.

Cada hermano era especial
y unidos podían disfrutar de la vida.